시간의 향기를 그리다

시쓰기 시화창작

_____ 님에게

드립니다.

시간의
향기를
그리다

초판 1쇄 인쇄 2024년 11월 29일
초판 1쇄 발행 2024년 12월 05일

지은이 곽숙희 김세인 김순철 김재희 이나경 정동욱
펴낸이 강인묵
펴낸곳 이음솔

신고번호 제 2015-000144호
주 소 경기도 파주시 회길동 37-29, 2층
Tel. 031.945.9771
Fax. 031.945.9772

이 책은 저작권법에 의해 보호를 받는 저작물이므로 무단전재 및 복제를 금합니다.
잘못 만들어진 책은 구입하신 서점에서 바꾸실 수 있습니다.

ISBN 979-11-92973-00-5 03800

값 12,000원

시간의 향기를 그리다

시쓰기 시화창작

곽숙희
김세인
김순철
김재희
이나경
정동욱

책 머리에

'내 삶의 진정한 시인은 나'

누구보다 내 삶의 주인공이 되어 삶의 현장에서 애환, 그리움, 감사, 경이로움, 고난 등을 경험하며 써 내려갔던 글들을 모아 시집을 출판하게 되었습니다.

중년의 열차에 올라 목적지를 향해 달려가고 있는 우리들의 모습을 그려보는 드로잉 시집 쓰기 과정은 저마다 삶의 공간을 채색해가는 시간이었습니다.

시집 쓰기에 참여하신 선생님들께서는 유년 시절의 기억을 더듬고 현재의 감정을 쏟아붓고 희망찬 미래의 모습을 설계하며 풍요로운 삶의 경험을 다양한 카테고리에 담았습니다.

1년 드로잉 클래스반에서 알차게 배운 드로잉을 바탕으로 시 쓰기를 접목하여 시집으로 탄생하는 과정 안에서 소중한 삶을 아름답게 채색할 수 있었습니다.

시집 [시간의 향기를 그리다]을 출판하기까지 무한 긍정의 아이콘 용천 정동욱 감성 시인의 가르침이 컸으며 각자의 삶을 보석같이 빛내고자 노력하시는 선생님들이 계셔서 함께할 수 있어 기쁨이었기에 감사한 마음을 전합니다.

'혼자 가면 빨리 가고 함께 가면 멀리 간다' 말처럼 각자 인생에서 함께 가는 시간을 공유하며 성장하는 삶을 향한 빛이 되어주기를 고대해봅니다. 감사합니다.

밝은내일교육상담센터 대표 김세인

곽숙희

주　희
곽숙희
시　인

주희 곽숙희 시인

새로운 둥지
인생의 삶
야생화
매듭
파설초
해석
소중한 기억
여행안내
광대나물
여유로운 삶
웨딩드레스
행복한 만남
회상
나의 작은 텃밭
좋은 느낌

부처님 오신 날
쓸쓸한 비
전시회
새로운 발견
천천히 가는 삶
짧은 여행
장미 인생
새로운 도전
절망 속 희망
폭염 속 힐링
꿀맛 같은 휴식
여름 하늘
두 갈래 인연
황홀한 희망

- 함께 가는 길 더 멀리 가고 오래 갈 수 있는 인생의 삶
- 강   의 : 전통 한지와 식물 압화를 통한 힐링아트테라피 교육 강사
- 학   력 : 학점은행제 사회복지학 졸업, 한국열린사이버대 통합치유학과
- 현   직 : 정아트공방 머든마켓 운영
  오선덕 명인 아카데미 전수자, 국제식물공예 협회 마스터 강사
  한지공예가협회 지승공예 연구회원, 한지공예가 회화협의회 회원,
  토탈공예 강사, ㈜에이치앤 무궁화 전수자
- 전문분야 : 2022 제1회 국제 식물공예 협회 회원전
  2022 서울 한지 문화재 함께 한지 협회전
  2023 제4회 오선덕 명인 아카데미 회원전
  2023 압화의 사계 개인전
  제43회 국제 현대미술대전 입상
  제44회 대한민국 창작미술대전 동상
  2024 꽃으로 그리는 동화의 세계 협회전
- 강의 주제 : 정서 심리 힐링 프로그램:
  동아리 자조 모임 정서 지원, 청소년 정서 활동 지원 및 집중력 향상
  치매 예방과 인지 향상 교육
- 출강 이력 :
  2021~2023 서울시 50플러스 건강 코디네이터 치매 인지 방문 수업
  2020 금천 청소년수련관 학교 밖 청소년 디저트 카페이징 20회기 수업
  2018~2023 파주 장애인 복지관내 지역동아리 180회기 토탈공예 수업
  2018~2019 살구평생학교 40회기 토탈공예 수업
- 강의 문의 : 010-9127-6744 / 47899294@naver.com

감사의 글

글을 쓸 수 있을까?
반신반의하며 시작했던 나의 첫 글쓰기 막막하기도 했던 시간 들 내 인생의 커다란 일들을 치르며 쉼 없이 달려와 보니 작가 된다고 한다. 나한테 이런 능력이 있는 줄을 몰랐으며 하나하나 해결해 끝맺음을하는 이 순간 결혼 준비 하면서 엄마가 하는 일에 무조건적인 지지와 배려를 아끼지 않은 큰딸 정은, 둘째 경진, 막내 은진에게 마음이 예쁘고 사랑스럽게 성장해 준 것에 감사하다.

앞으로의 밝은 미래를 향해 행복한 전진을 하길 바란다. 인생의 2막을 시작하면서 누구보다 행복하고 즐거운 시간 보내면서 새로운 도전을 할 수 있는 기회를 주신 김명자 센터장님께 감사함을 전합니다. 순간의 느낌을 글로 표현한다는 것이 지나고 보면 나에게 이런 감성이 있었구나 하는 나를 알아가는 좋은 기회가 되었습니다.

첫 개인전에서 많은 분들이 어설픈 나의 글을 좋아하는 것을 보면서 행복하고 뿌듯함을 느꼈다. 더 새롭게 발전될 미래를 기대하면서 바쁜 시간 쪼개어 공동으로 참여한 선생님들에게 감사합니다. 혼자서는 하지 못했을 일 함께하기에 끝까지 마무리할 수 있었습니다.

시작부터 끝까지 수고 많이 하신 정동욱 박사님께 감사함을 전합니다.

새로운 둥지

안락한 둥지에 날아올라
함께하는 새로운 자리

너와 함께 미래를 향해
힘껏 날아올라 간다

인생의 삶

사랑으로 태어나서
관심으로 성장하고
누군가를 사랑하고

소중한 보물에 배려하고
열정적인 삶을 사랑하며

보호자의 의무를 다하고
인생을 마감하고 소망하는 것이
아름다운 삶이 아닐까?

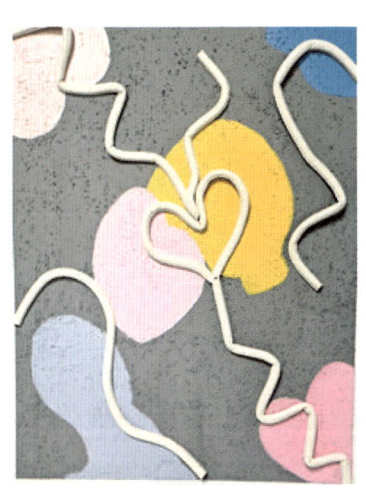

야생화

돌보아 주지 않아도
주어진 환경에 순응하며
아름다운 꽃으로
보는 이에게 무한한
사랑과 감동을 주는
너는 고난을 이기며 살아가는
우리의 자화상 같은
야생화!
내 마음의 고향

매듭

두 줄 실 엮여
만들어 내는 마술

어긋나면
볼멘 모양

잘 맞으면
사랑스런 모양

너는 나의 새로운 도전
중독적인 힐링

파설초

보송보송한 솜털
추위를 견디며

물소리 바람 소리
살며시 들으며

인내와 믿음의 꽃잎으로 다가온
봄의 전령사

해석

너와 나의 양면성
공통분모를 찾아
전쟁 치르며 소통
서로 다름을 인정하고
함께하는 동행 길
행복 낙원 첫걸음

소중한 기억

시간의 기억
함께 나누었던
삶 이야기

기억 저편에 담아 놓고
행복한 미소 지으며

하나하나 꺼내어 보는 기억창고
내 삶의 보물 힘의 원동력

여행안내

에메랄드빛 바다
그물망 구명조끼 안전장치

그래도 무섭지 않은 것은
황홀한 석양이 주는 경이로움
수많은 별들의 향연

한여름 크리스마스 캐롤
새로운 세계 낯선 경험
내 삶의 행복한 추억

광대나물

줄 타고 올라
춤추며 밝게 웃는
남을 기쁘게 하고
자신은 슬픈 광대

희, 노, 애, 락
아름다운 숨김
웅크린 당신에게
희망을 전하는
전령사

여유로운 삶

누구나 불완전한 삶
실수도 하고 상처를 줄 수 있다

사랑받는 것은 당연시하고
사랑을 주는 것에 인색한 삶

배려와 경청은
마음의 부자가 되는 지름길

매일 핸드폰 충전하듯
마음 충전하는 여백

인생 나비

사랑이라 포장하고
믿음이라 기만하고
진실이라 보여주며
자산의 욕망 숨기며
살아가는 거짓 인생

행복이란 신기루 쫓아
슬픔 기쁨 견디며
하루하루 희망꽃피우네
너의 미래는 밝은 것이라고
지지와 응원받으며
신기루 쫓아 날아가는
예쁜 사랑스러운 나비

행복한 만남

낯선 장소
우연히 만난 조카 부부

출산을 앞둔 만삭의 조카
두려움 설렘

복잡 미묘한 감정
건강한 출산을 기원하는
행복한 저녁 식사

산모와 아기의 무탈한
탄생을 기원

회상

아련하게 잊고 지낸 옛날 기억
음악 들으며 문득
생각나는 그 시절

회상의 폭죽이 터지며
순수했던 감정
살며시 미소 지으며
흥얼거리네

나의 작은 텃밭

봄이 가득한 야생화
푸르름 가득한 너
종류별로 뿌린 씨앗

기대감
예쁘게 누름할
나의 위대한 식량
황홀한 야생화의 세계
힐링
나의 아지트

좋은 느낌

행복한 미소 지으면
마음이 웃는다

부드러운 목소리
귓가에 살랑거리면
기분 좋은 느낌

믿음 편안한 행복
쌓여 가는 신뢰
외롭지 않은 삶
동행길 인생 2막

부처님 오신 날

부처님 오신 날
만수사에서 불공

어린 시절 엄마 가져온
새로운 과일
지금은 아련한 추억

내가 엄마처럼
하고 있네
보고 싶은 엄마

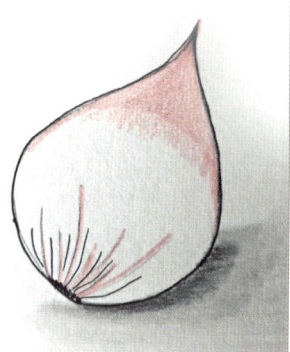

쓸쓸한 비

나이 먹는다는 건
가랑비 옷 젖듯
자신도 모르게 인생에
구멍 나는 것

소리 없이 내리는 비
힘들어지는 삶의 흔적

지금 소리 없이 내리는 가랑비
유독 쓸쓸하게 와 닿는 이유는?

전시회

쉼 없는
시간 속
내 인생의 큰일을 준비
끝없는 아이디어 기획
밤새고 제작한
첫 개인전

든든한 지원군
사랑과 감동
행복한 미소로
새로운 희망의 길

새로운 발견

몰랐던 재능 발견
순간 밀려오는 감동

누군가 공감 사인에
미지 세계 이정표

반짝이는 불빛처럼
인생 메시지 전달하네

천천히 가는 삶

빠르게 변화하는 일상
의도하지 않은 느린 삶

저마다 다양한 쓰임
느리다 실망 말고 여유로 생각

상처받지 않고 적응하며
살아가는 느린 미학

짧은 여행

코로나 이전
이층버스 타고
사계절 감상하며
가는 여행
벼의 성장 과정 보며
인생도 성장

코로나 이후
두 계절 감상
아쉬운 여행
힘들고 지칠 때
휴식 보람 다가온
나만이 느낄 수 있는
편안한 이동 쉼터

장미 인생

초롱초롱 반짝이는 눈빛
펼쳐진 꽃들의 향연
곱디고운 자태 뽐내며
유혹하는 사랑스런 장미
더위가 오고 있음 알리고
미래를 준비하라고
향기 없는 아름다움 속에
자신의 유용한 쓰임 마감하는
우리네 인생살이 같다
화려하게 절정 꽃 피우다
보잘것없이 시들어
다음을 기약하며 또다시
예쁜 꽃 피기 위해
시련 견디며 인내하는 것

새로운 도전

대 대 손 손 내려오는 우리 전통
한지를 새끼 꼬듯이 홋줄
꼬아서 겹줄 만들어
바닥, 기둥 세우며
끝없이 엮어 완성된 유물
새삼 놀라는 선조의 지혜
소중하게 기억되길

절망 속 희망

무섭게 쏟아져 내리는 비
누군가에게 도움이 될까?

구멍 난 하늘처럼
바라볼 수밖에 없는 안타까움
마지막까지 내 몸에 상처 난 줄 모르고
혼신의 힘 다한 평범한 영웅

누군가 희생 배려
또 다른 누군가는 삶의 목표
무섭고 절망적 그래도 희망
측은지심 감정 살아있네

폭염 속 힐링

폭염 속 힐링
시원한 냉방 버스
끝자리 풍경 감상
나른 함 뒤의 꿀잠

문득 눈떠보면
초록의 물결
도심 속 매미들 폭염 절정 알리네
치열했던 여름 끝자락 잡고 있다고
마음껏 즐기고 풍요로운
가을맞이하라 하네

좋은 사람

당신이 좋은 사람
알기에 많은 시간 걸렸네

내가 좋은 사람
알리기에 오랜 시간 지났네

우리의 삶
좋은 인연 되었네

꿀맛 같은 휴식

기나긴 여정을 잠시 내려놓고
아무 생각 없이 음악 들으며
수고 많이 한 나에게
주는 보상 시간

오늘은 공허감 아쉬움
그래도 스스로 해냈다는 성취감
느끼며 미소 지어 본다

여름 하늘

여름 하늘 뜨거운 햇살
불어오는 솔바람
벼 모종 인사하네

여리고 가냘픈 모종
단단한 뿌리 내리며
성장했네

푸르름 선보이며
줄 맞춰 영역 넓혀가며
무더위 견딜 준비하네

고비고비 넘기며
넉넉하고 풍성한
가을 위해서

두 갈래 인연

날 중심으로
하나의 가지 얽힌 좋은 인연 되어
함께 가는 동반 성장

인생 삶 속에 잠시 스쳐 간
상처 주었던 슬픈 만남

누군가에게 난 소중한 인연
아름다운 기억으로

황홀한 희망

적 겨자 잎
예쁜 줄기 화병 되고
해바라기 아름드리 장식하네

감초 같은 다이아몬드 꽃
분위기 살려주네

눈부시게 황홀한 해바라기
두려워 말고

희망찬 미래를 위해
전진하라 메시지 전하네

샘물 김세인 시인

내면 아이
첫 인생
밝은 내일
명상 호흡
도전
언어의 힘
연애
그리움 1
그리움 2
가치 찾기
풍요로운 삶
응원
친구야
그리운 아버지
기회

퇴근길
알아차림
김밥
어떻게 말할까?
사랑의 소리
밥 한 끼
사랑의 소리
좋은 생각
진주 목걸이
인생길
인연은 노력
살다 보면
취업
지천명
감정 스위치

- 유연한 사고의 힘은 풍요로운 삶을 가능케 한다.
- 학   력 : 한세대학교 심리상담대학원 석사, 단국대학교 상담학 박사 수료
- 현   직 : 밝은내일교육상담센터 소장, 교육기부진로 체험인증기관
- 전문 분야 : 개인상담, 집단상담, 원예치료프로그램, 푸드아트테라피프로그램 강사 양성(원예심리상담사, 푸드아트심리상담사, 치매예방지도사)
- 강의 주제 : 교양심리 인문학, 우울감 감소, 행복감 증진, 의사소통 증진(부부,세대간,지역주민,다문화), 가정폭력·성폭력예방 교육, 인성교육, 긍정심리학 셀프디자인, 교류분석 자아성장, 인지행동치료 불안·화다스기, 스트레스 관리&힐링, 마음챙김, 인지강화 외
- 출강 이력 : YMCA가정폭력상담소, 법무부 준법지원센터, 자활지원센터, 노인복지관, 인생이모작센터, 수원여성문화공간 '휴', 교육지원청, 국민건강보험공단, 초중고 위클래스, 안양 진로페스티벌 참여
- 저서 및 논문
  · 원예치료를 활용한 방과후학교 프로그램으로서의 집단상담이 초등학생의 안녕감에 미치는 효과(석사)
  · 마침표가 아닌 쉼표! (푸드아트심리상담사 실습서 공저)
- 블로그 https://blog.naver.com/hotcounsel
- 강의 문의 : HP 010-2323-4289 이멜 celiamj@hanmail.net

감사의 글

이제 중년의 시간을 맞았습니다. 시를 써가는 시간은 과거, 현재 그리고 미래에 대한 느낌표와 물음표를 찍는 시간이었습니다. 투정 어린 내 모습과 성숙한 성인 자아의 모습을 만나며 '그래도 잘 살고 있구나'를 자신에게 이야기를 건네주며 격려하는 시간이기도 했습니다.

나를 표현하는 현상학적 마음으로 시를 쓰고 싶은 욕구의 발견과 삶을 채색하고 싶은 욕망으로 붓을 잡고 투박하게 표현되는 그림은 나의 삶 속으로 이미 자리 잡았고 그 시간들을 충분히 유희하며 몰입하는 시간으로 행복했습니다.

인생의 가치를 찾는다면 저는 '성장'을 중요한 가치로 여김으로 나의 삶을 위해 드로잉 시집은 효능감을 높여주는 매개체가 되어줄 것입니다.

시를 쓰며 번뜩 느꼈던 것은 100세 시대에 반을 살아온 '지금-여기'에 나는 어떤 모습으로 인생의 반을 정리하고 다가올 인생의 반을 맞을 것인가에 대한 자신에게 화두를 던져보는 시간이었고 나의 숙제로 남았습니다.

'시작은 미약하였으나 끝은 창대하리라'의 성경 구절처럼 인생의 반을 살아보니 한땀 한땀 수 놓아 만든 생활소품도 거작도 모든 작품이 의미 있고 모든 것이 '나'를 대신해준다는 생각이 들었습니다. 향후 성장해가는 내 모습을 기대해가며 오늘보다 더 나은 내일을 위해 용기와 끈기를 잃지 않고 살아가겠습니다.

내면 아이

철푸덕
나의 발목이 빠진다

쓰악
가슴 한쪽이 베인 듯 짜릿하다

퍽
가끔 심장을 향해 펀치를 날린다

이것 때문에
진흙탕 속에 허우적댄다

내 안에 숨어있는 아이
오늘도 마음 달래주며
마음 챙김

첫 인생

아픈 상처는
나를 성숙하게 한다

후회하며
나는 깨닫는다

고통 속에
나는 성장한다

이것이 우리의 인생
한 번 더 산다면

밝은 내일

밝고 맑은 마음으로
세상을 대하자

좋은 생각 행동은
나를 키워주는 자원

밝은 내일을 향해!
몸과 마음을 환하게

웃자!
웃자!
또 웃자!

명상 호흡

들숨으로
엉킨 감정 희석하고

날숨으로
어두운 바람 내보내고

단순한 생각 불어넣고
복잡한 생각 내보내고

상큼한 생각 그려 넣고
때 묻은 생각 지워버리고

다시 반복하기
감정 온도 하강 중

도전

속삭이듯 '하고 싶다'
두 손을 보며 '할 수 있을까'

두 주먹을 쥐며 '할 수 있어'
두 팔을 벌리며 '할 수 있다'

두 발을 딛고 일어나 '해냈다'
나는 지금 도전 중

언어의 힘

힘을 주는 말
자랑스러워요

설레게 하는 말
많이 보고 싶어요

마음 어루만지는 말
그럴 수 있어요

손정순 作

빠져들게 하는 말
당신밖에 없어요

힘을 실어주는 말
고생 많았어요

언어의 힘은
당신 사랑의 힘

연애

글 쓴다는 것은
욕구

그림 그린다는 것은
욕망

내 삶을 그리는 것은
성취해가는 시간

니체의 말처럼
'네 운명을 사랑하라'

시, 그림은 내 삶의 순간들
그 시간을 유희하며

오늘도
달콤한 사랑에 빠지네

그리움 1

한 잔은 그리움으로 채우고
두 잔은 아련함으로 채우고
석 잔은 추억이 되었네

"미안해요"
"고마워요"
"잘 지내요"

그리움 2

따르면 따를수록 가득 찬 잔에
당신 얼굴을 새겨봅니다

한두 잔으로 채울 수 없는 그리움은
따를수록 더 커져갑니다

흔들면 너울거리는 물둘레 잔에
당신 목소리 메아리칩니다

쓰디쓴 한 모금으로 마음 달래며
'미안해요' '고마워요' 속삭입니다

눈물을 머금고 미소 짓는 오늘
당신에게 취하고 싶은 밤입니다.

가치 찾기

성장해 나가는 동안
시간을 빌린다

설레는 여행을 위해
시간을 기다린다

우리 행복한 추억을 만들며
시간을 공유한다

시간
소중한 나의 가치

풍요로운 삶

만남과 이별
자연스러운 현상

좋은 만남
좋은 이별
노력에 달렸고

아름다운 관계
인연의 끈이 되면
삶은 풍요롭다

응원

과거의 나에겐
"괜찮아! 그럴 수 있어"라고
마음 읽어주기

현재의 나에게
"지금이 기회야! 할 수 있어"라고
용기 주기

미래의 나에게
"최선을 다했어! 넌 멋진 사람이야"라고
이야기해 주기

친구야

눈깔사탕으로
통통한 볼을 만든 너

참빗으로 머리 빗어
양 갈래로 땋은 깜찍한 모습

심통이 나면
그냥 째려보고

뭐가 좋을까?
깔깔대며 박장대소하던 너

우리
지금 중년

그리운 아버지

어릴 적
투정 부리고 혼났던 날

아버지가 태워주신
자전거 꽁무니에 매달려

콧물 눈물 뒤범벅되어
아버지 등에 문지르고

막내딸 마음 달래주려
자갈길을 달렸던 그날

아버지 투박스러운 사랑
그리움으로 그려지네

기회

위기 속에
방향 감각을 잃는다

위태로울 때
다른 나를 마주한다

위기는 나침반이 되어
고된 행군을 돕는다

마주하라
위기는 곧 기회이다

퇴근길

퇴근길 나에게
애썼다고 말해주니

밝게 빛나는 네온사인
수고스러움 축하하네

도로 위 울리는 경적
가족들이 그립다는 신호

난 오늘도
무탈한 하루에 감사

알아차림

차가운
바람의 노크

시린 코끝
콜록이는 숨소리

홍조 띤 얼굴
모래 삼킨 거친 목소리

바람의 노크
무심했던 내 마음

온도계를 읽는 순간
비로소 알아차림

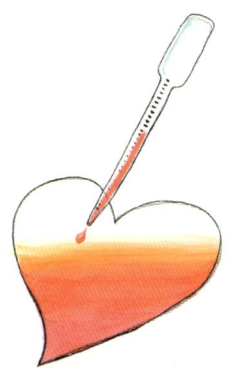

김밥

삶의 속도
잊고 달리는 사람들

알록달록 속이 꽉 찬
돌돌이 생각에

잠시 누릴 수 있는
나만의 행복

어떻게 말할까?

거칠게 말하는 이는
화로 채워졌고

비판하는 이는
자신의 이해가 부족하고

자만하는 이는
열등감으로 살아가네

잠깐
가슴 속 열기 내보내며
오늘 언어 생각해 보기

밥 한 끼

밥 한 끼 먹자는 정다운 말
마음을 활짝 열게 하네

밥 한 끼 먹으며 나누는 말
편안한 마음으로 치유되네

밥 한 끼가 지니는 힘
다시 채워지는 삶의 에너지

사랑의 소리

카톡 카톡
붉게 피어나는 장미

카톡 카톡
마음 울리는 감동 글

꽃 피어나는 어여쁜 소리
가슴 울리는 뭉클한 소리

카톡 카톡
우리 사랑의 소리

좋은 생각

어제의 말은
오늘의 꽃으로

오늘의 말은
내일의 열매로 맺고

좋은 생각은
건강한 씨앗으로
언어의 꽃을 피우네

진주 목걸이

생채기를 이겨내고
우윳빛 구슬이 되어

맑고 그윽한 빛깔
마음까지 어루만지네

너에게도
나에게도

겸손하고 우아한
진주 목걸이

인생길

선택 앞에서
두려운 감정을 만나지만

선택하지 않으면
후회스러운 삶을 살아가네

'선택' 인생의 방향을
안내하는 이정표

가다 보면 여러 갈래 길
이 길도 저 길도

나의 인생길

인연은 노력

우연한 만남으로
인연이 시작되고

좋은 인연은
노력이라는 수고로움이 더해지고

나쁜 인연도
노력 더 하면 나아지고

내가 먼저
노력의 연결고리 만들면

나의 관계망은
진실되고 견고해지네

살다 보면

살다가
방향 잃고 헤맬 때
포기하지 말고 견뎌보라

복잡한 마음
바다 위 돛단배에 실어보자

바람과 시간 속
흘러 흘러 어디쯤 서게 되면

그곳이 나의 출발점

취업

학교 교정을 나와
갈 곳 찾아 헤매는 젊은이

한땀 한땀 수를 놓아가듯
이력서를 빼곡히 채워가며

저 높은 지대를 향해
마음 내색하지 않고 걷는구나

곧 너의 세상이 열리니
급한 마음 다독이거라

세상 풍경 구경하며
그곳에서 희망찬 미래를 만나거라

지천명

애들은 커서 날갯짓하고
어른의 반열에 올랐네

아름답게 식탁 장식한
접시 갈 곳 헤매고

멋스러움에 취해 샀던
사계절 옷은 무성의하게 하늘거리네

지금

남아 있는 인생의 반을 위해
인생의 반을 정리할 시간

감정 스위치

슬플 때
하늘을 보며 웃자

우울할 때
들꽃을 보며 걷자

힘들 때
즐거운 추억을 떠올리자

외로울 때
신나는 곡에 맞춰 리듬을 타자

나의 감성 스위치는
언제나 온(On)

김순철

해나
김순철
시인

나 김순철 시인

회상
어느 팬의 소회
미련
이사하는 날
냉장고
운구차 안에서
희망
오솔길
영정사진
그냥 그런 날
비 오는 날
공연하는 날
여우비
내 사랑
소소한 행복

편의점 속 사람들
서설
꽃내음 가득한 어느 봄날
바람 부는 날의 연가
가을 풍경
여름 자작나무
핸드폰
엄마 생각
창문 밖
아이스크림
삶의 연가
창밖 풍경
종소리
가족
어느 노부부의 사랑

- 삶을 사랑하는 마음을 함께하고 싶은 상담사.
- 학   력 : 서울사이버대학 상담심리학과 졸업
  서울사이버대학원 상담 및 임상 심리전공
- 현   직 : 부천청소년성폭력상담소 상담사, 미술심리상담사
- 전문 분야 : 성교육, 인성교육. 가해자 교정교육, 미술심리상담
  힐아르떼 작가회 회원
  모던아트 대 상전 〈바람 부는 날의 연가〉 입선
  대한민국 미술 시화 대전 〈꽃내음 가득한 어느 봄날〉 특선, 〈서설〉 입선
- 강의 주제 : 개별상담, 집단상담. 미술치료 프로그램, 성폭력 예방 교육,
  양성평등 교육, 성교육, 인성교육. 가해자 교정교육
- 저서 및 논문: [글로 옮기지 못할 인생은 없습니다] 자기개발서 공저
  [비오는 날의 수채화] 에세이 전자책 공저
  [나만이 소확행이란?] 에세이 전자책 공저
  [내 인생의 화양연화 3] 에세이 전자책 공저
- 강의 문의 : 010-9425-3153
- 이메일 : skandhkskdhk@naver.com

감사의 글

누구든지 하려고 하면 못할 것이 없을 것입니다. 주위의 도움도 많은 영향력이 있습니다. 상담사가 되려고 마음먹은 것이 벌써 14년 전의 일입니다.

상담사가 될 수 있도록 지지해주시고 상담사로 받아주신 최종희 소장님께 감사의 말씀을 전합니다.

시를 처음 접하고 책을 낼 수 있도록 도와주신 용천 정동욱 시인님과 김세인 센터장님께 깊은 감사의 말씀을 전하고 싶습니다.

우리에게 있어서 시라는 것은 내가 지금 당장 현실적으로 이루지 못하거나 이루고 싶은 것 또는 내 마음을 알아가는 중요한 양분이라 할 수 있겠습니다.

많은 책을 읽고 쓰기에는 현실적으로 어려운 것이 사실입니다. 그러나 도움을 주신 분들이 계셨기에 꿈을 꾸고 이룰 수 있는 초석이 된다고 생각합니다.

시를 통해 삶을 회고하며 지나온 날들을 사랑하는 마음으로 소소한 일상에서 행복을 찾아가는 작가로서 흐르는 강물에 마음을 풀어내듯이 나의 마음을 풀어내고 싶습니다.

어느 팬의 소회

현수막 들고 기다리는 별
지치지도 힘들지 않은 팬

저 멀리 어스름이 보이는 별
두근거리는 가슴 웅성거리는 팬

서너 시간의 기다림 속 내 옆을 스치는 별
그 짧은 몇 초에 웃음 짓고 환호하는 팬

그 설레는 순간들
그 떨림의 순간들
환호와 열정의 순간들이 그리워지는 팬~

회상

스치고 지나간 시간
잠시 숨 고르기 하고
생각에 잠겨본다

무척이나 지난한 날
지나 보니 찰나의 순간
무심히 지나간 시간

숨이 턱밑에 차도록
힘들고 눈물로 얼룩진 순간

행복에 웃음 짓던 순간
흐뭇한 미소를 머금었던 순간
모두 무심히 지나간 찰나의 그것

우리네 인생사 돌이켜 보니
고통 슬픔 웃음

모두 찰나의 순간

앞으로 다가올 순간
아픔 슬픔 웃음
모두가 한순간

회상 속의 기억은
좋은 것들로 가득 차 있는 것
앞으로 다가올 순간
또한 지나가면 회상
굽이굽이 흐르는 물줄기

그 물줄기를 벗 삼아
물장구치는 아이들

그 웃음소리에 미소 지으며
물세례를 주는 어른들

시원한 물장구 속에
웃음 활짝

미련

목표를 향해 앞만 보며
　　달려가는 사람들

목적지가 가까워지면
　　뒤돌아보는 사람들

앞으로 달려 나갈 때는
　　돌아보지 않던 사람들

　　목적지가 다가오면
　　문득 돌아보는 사람들

돌아온 곳에 스쳐 지나간 것에
　　다시금 미련이 남는 사람들

이사하는 날

팔 년의 세월
언덕 위 작은 보금자리

웃음소리 한숨 소리
추억이 가득한 곳

옆집 강아지 멍멍
떠나는 강아지는 멍멍 멍

아쉬운 마음 한쪽에 남겨놓고
새로운 희망으로 가득 채워보리라

냉장고

눈 마주치면
한 번 열어보게 되고

겨울보다 여름에
손이 많이 가고

지난주 사다 놓은
아이스크림

내 삶도 시원하게
뻥 뚫리기를~~

운구차 안에서

하늘은 맑고 따뜻한
바람으로 일렁인다

내 마음은 어둡고
먹구름 가득하다

애잔한 마음과
속상한 마음이 공존한다

계실 적 섭섭함이 눈 녹듯 사라지고
좋은 기억으로 채워진다

편안하게 잠드시기를
기도해 본다

희망

세상은 온유한데
나 홀로 방황하며
애태우던 순간들

세상이 나와 무관한 듯
스쳐 지나가는 기억들

세상 모든 것이
시간 지나면 평화롭고

나에게 손 내미는
희망을 품어본다

오솔길

산길 고즈넉하게 사람의
발걸음 기다리는 이곳

넓은 도로 많은 사람
자동차에 휩싸인 대로

돌아보니 넓은 도로보다
굽이굽이 돌아온 삶

그곳을
되돌아가고픈 오솔길

영정사진

어머님 얼굴이
곱디곱다.
사진 속의 표정. 입으신
한복 매무새 정갈하다

편안하다고
걱정하지 말라고
남은 너희들이
걱정이라고
말하는 것 같다

사진을 앞에 두고
향을 피우며
걱정마시라고
그저 편안하게 좋은 곳으로
가시길 기원한다

그냥 그런 날

특별할 것도
기념할 것도 없는 날

좌절할 일도 불쾌할 것 없는
그냥 그런 날

보통 일상에
평범한 하루

소소한 하루
걱정거리 없음에 감사한
그냥 그런 날

비 오는 날

커피숍 창가에서
내리는 비 바라보다
문득 보슬비에 나를
맡겨 본다

손에 우산 들고
오는 비를 맞으며
웃고 있는 나를 본다
마음속이 시원하다

촉촉해진 눈가
이것은 빗물일까
아니면 내 마음 무엇인가를
떨쳐낸 눈물일까?
마음이 후련해진다

공연하는 날

공연하는 날
양화대교 넓은 도로가 한없이 좁게만 느껴지고

나는 그 중앙에서 시계만 보고 있네
물결처럼 밀려오는 차량

지금 내가 가야 할 곳은 어디
정신없이 달려 나 간 길

앗
이 길이 아니구나
다시 돌아 양화대교

이번에는 정신 놓지 말고

여우비

맑은 하늘 물이 내린다
윗집에서 물이 떨어지나
올려보니

햇살 가득 하늘 속
흐트러진 구름 사이
빗방울이 떨어진다

떨어지는 비는
맑은 가운데 슬픔이

슬픔 가운데 기쁨이
내 안에 공존함을 느낀다

내 사랑

외출할 때는 안절부절
화장 안 하고 나가려면
화를 내는 너

화장하고 출근하면
아쉬운 얼굴로
하염없이 바라보는 너

퇴근하고 돌아오면
문 열기도 전
반가워 발 동동 구르는 너
나의 반려견 크림

소소한 행복

구름 사이로
달이 살며시 보일 듯 말듯
은은하게 비추고

나뭇가지 아래로 나를 바라보며
꼬리를 흔들며 나 여기 있다고
소리치는 소중한 너

아이와 돌아오는 산책길
바라보는 소소한 기쁨
간식 챙겨 내려오는 발걸음
소소한 행복

편의점 속 사람들

바쁜 일상 속 잠시 잠깐
들리는 곳
편의점

"안녕하세요", "어서 오세요"
오가는 인사 속에 잠시
휴식 편의점

급한 일상 속
허기진 속을 달래는
삼각김밥, 사발면의 편의점

"안녕히 가십시오", "수고하십시오"
오고 가는 인사 속에
미소 짓는 편의점 속 사람들

서설

물방아처럼 흐르는
은은한 눈결이 내리네
길가에는 흰 눈이 쌓이고
나무들은 흰옷 입었네

한 줄기 햇살이 비추면
눈은 금빛으로 빛나네

포근한 느낌이 가득한
겨울의 따뜻한 풍경

사람들은 서로 껴안으며
따뜻한 손 맞잡네

얼음처럼 차가운 세상에
서로를 따뜻하게 만드는 순간

눈이 오는 날
서로를 생각하며
따뜻한 마음을 나누고
함께 손을 잡네

꽃 내음 가득한 어느 봄날
바람에 스윽 흔들리는 나뭇잎들
봄의 부드러운 속삭임을 듣네

향기롭고 상쾌한 바람이
가볍게 건너오네

꽃내음 가득한 어느 봄날

새순이 돋고 꽃이 피면
자연은 살아나는 기분
푸르름 속 새로운 생명 시작
그 순간 마음 깊이 간직하네

바람에 흩날리는 나뭇잎들
마치 춤을 추는 듯하다
자유롭고 활짝 피어난
봄의 아름다움을 노래하네

순간 아름다움이여
너의 향기와 함께 날아가라
봄의 바람이 휘날리는 나무
그 아름다움을 영원히 간직하네

바람 부는 날의 연가

여름 자작나무 숲속
바람을 안고 춤을 추는
모습을 바라보네

가지마다 흔들리는
잎새의 소리가
바람의 노래와 어우러져
울려 퍼지네

자작나무 그늘 아래
시원한 바람 가볍게 스쳐가네
햇살 눈부신 날에는
나무 그늘 소중한 안식처가 되네

가만히 서서 나무를 바라보면
그 안에는 오랜 세월의 이야기가 담겨있네
무거운 가지들이 하늘을 향해 뻗고

뿌리는 땅속으로 깊이 파고드네
자작나무 숲은 풍요와 평화의 상징이네
그 푸른 잎새와 우아한 자태는
자연의 아름다움을 노래하는 것처럼 보이네

바람이 나부끼는 여름의 숲
자작나무는 그 안에서
우리를 영원히 기다리네

가을 풍경

달콤한 고구마 향이 퍼지는
은행나무 그늘 아래 산들이
춤을 추는 저 멀리
고즈넉한 시골 마을에는
조용한 흐름이 흘러가고
전원주택은 햇살에 반짝이네

바람 소리 귓가에 스치면
시간은 느릿느릿 흐르고
마음은 평온에 취하네
고구마밭 위로 노을이 내려
은은한 노을빛에 마을은 잠드네
고즈넉한 이 풍경에 가득 찬 시골 마을

여름 자작나무

외로움의 상징 홀로 서 있네
가지가지 그늘 없는
지쳐 보이는 외로운 모습

가을바람에 흔들리는 잎사귀
애처로운 흔들림
그의 마음의 소리 되새 기게 한다

어울림을 바라며 바람에 맡겨
자신의 포근한 동행을 기다리는 듯
그러나 그가 더듬어가는 발걸음에
자작나무도 그의 외로움을 아네
한 그루의 나무가 외로운 사람과 닮았구나

핸드폰

손에서 떠나면
항상 찾게 되고

한시라도 떨어지면
마음 설레게 하는 너

카톡 소리에
반가워 쳐다보면
보이지 않고
당황하게 하는 너

행복한 동행
함께하는 너

엄마 생각

부엌 한편 감자 찌고
버터를 녹여 달달 굴려 접시에 담는
어린 시절 우리 엄마

그 순간이 기억으로 남아
아이 가졌을 적
먹고 싶던 그 감자

기억 속 이야기는 감자?
따스한 엄마의 손 길이였을까?

창문 밖

창문으로 보일 듯 말듯
손짓하는 벚꽃 한 송이

지지배배 속삭이는
코끝에 감도는 향기
내 마음속 살펴주네

반짝이는 햇살은
추운 겨울 지나고 내 삶에
봄이 왔다고

아이스크림

사랑은 아이스크림과 같아
달콤하고 상큼한 맛이 가득
한 입맛 보면 녹아내리는 것처럼
부드러운 감촉처럼 달콤한 말
마음을 감싸 안고
한없이 행복한 기분을 주네

얼음처럼 차갑게 느껴지지만
따스한 햇살과 같이 마음을 녹여
새로운 세상을 보게 해주네
사랑은 마치 아이스크림과 같아
언제나 기쁨을 주네
한입 베어 물면 미소가 번지는 것처럼

삶의 연가

오늘 피로 풀어주는 향기
어둠이 내려앉을 때마다
마음의 짐 가볍게 해주네

별빛 아래 걷는 발걸음
하루의 끝 알리고
평화로이 잠 오게 해주네

새벽 햇살 어둠을 밝히며
잠든 마음을 깨우고
새로운 시작 알리네

아침의 노래 귀에 들릴 때
저녁의 피로 사라지고
새로운 하루 기다리게 해주네

저녁 피로 풀어주고
아침을 상쾌하게 열어주는 것
그것이 삶의 아름다움

창밖 풍경

창밖의 새가 지저귀고
아이 밝은 미소가 빛을 발하네
강아지 춤추며 아이를 따라다니네

아이 눈 속
세상 모든 아름다움이 담겨
그의 미소는 마음 따뜻하게 만드네

새들은 자유와 평화를 노래하며
창문 너머 푸른 나무들
삶의 생기를 전하네

강아지는 미소 짓는
아이의 품에 안기며
함께 뛰어놀며 행복한 시간을 보내네

이 아름다운 풍경은
마치 작은 행복의 조각
그 속에서 우리는 진정한 행복을 느끼네

종소리

새벽 종소리 울려 퍼지면
잠든 눈 번쩍 떠지고
새로운 하루

어디선가 울리는 종소리
시간을 알리며 우리 깨우지만
그 안에는 새로운 시작의 소망 담겨있네

잠든 마음 깨우는 종소리
새로운 가능성과 희망 불러온다
어제의 아픔과 슬픔 뒤로 하고

새로운 하루 우리에게 기회 주며
미래를 향한 여정 시작하게 하네
새벽 종소리 우리에게 용기 주네

잠든 꿈을 깨우고
새로운 시작을 약속하며
우리는 앞으로 나가네

새벽 종소리 울리면
새로운 하루 시작되네

가족

가족은 마음의 고향
그들과 함께 있을 때
마음은 평화로워지고 따뜻해지네

사랑하는 가족과 함께 라면
어떤 어려움 이겨낼 수 있고
모든 순간 소중하고 행복하네

가정은 서로 지지하고
서로 이해하며 함께 성장하는 곳
마음 편한 곳

가족과 함께하는 시간은 소중하고
아름다운 순간으로 가득하네
그들과 함께 있는 것만으로도 행복하네

사랑하는 가족과 함께
평온하고 행복한 삶을 살고 싶네
그 마음은 언제나 나를 감싸 안고 있네

온유 김재희 시인

- 바닷가
- 카톡 카톡
- 커피
- 미소
- 친구
- 마음을 열면
- 씨앗
- 집중
- 깜빡깜빡
- 안전벨트
- 태몽 (물고기)
- 함께
- 봄날의 첫 만남
- 심폐소생술
- 봄바람
- 그리움
- 긍정이 좋다
- 스마트폰
- 문
- 내 딸
- 만남
- 세월의 꿈
- 감사
- 아이 소리
- 울 엄마
- 사랑인가 봐
- 공감
- 삶과 꿈
- 커피 한 잔
- 망설이지 말라
- 일상의 감사
- 세상에 온 아가에게

[행복한 삶을 안내하는 강사]

- 학 력 : 아주대학교 교육대학원 유아교육과 석사졸업
  중부대학교 원격대학원 교육상담 심리학 석사과정

- 현 직 : 안전교육 (사)다안전교육협회 전임강사 /화성시민 안전강사)
  다문화 인식개선, 집단상담, 치매인지양성교육, 전래놀이교육,

- 전문 분야 : 심폐소생술 외 7대 안전 (생활안전, 교통안전, 자연 재난 안전,
  사회기반 체계안전, 범죄안전, 보건 안전, 수상 안전)
  치매인지 프로그램 / 전래놀이

- 출강 이력: 대전교육청, 서부여성개발센터, 부천시장애인센터, 성남교육청,
  라온중, 동탄노인복지관, 장당중, 변동중, 찾아가는 안전교육,
  동탄안전체험관등

- 논 문 : 결혼이주여성의 한국 문화 적응 및 자녀 양육과 유아 교육기관 경험
  들여다보기

- 강의 문의 : 010-8750-1764 이메일 eden6634@hanmail.net

감사의 글

어린아이들의 해맑은 웃음소리에 행복한 날들을 보내며 50 이 후의 내 삶을 생각하게 되었습니다. 또 누구와 이 행복을 나누어 갈까 하며 하나씩 제가 하고 싶은 일들을 적어 보게 되었어요.

그중 하나가 글을 쓰는 것이었어요. 그래서 공부했고 가끔 감성이 일어날 때 한편 씩 써보았어요. 끄적거린 노트가 빛을 발하게 된 계기는 밝은내일성장학교 대표님의 함께 시집을 만들어 보자는 제안이 있었어요.

과연 이 끄적임을 책으로 낼 수 있을까 부끄럽다는 생각이 들어 망설이다 혼자서는 힘들지만 함께라면 할 수 있을 거라는 막연한 생각으로 손을 잡았어요.

역시! 잘했어요. '함께여서' 여기까지 오게 되었거든요.

제안해주신 밝은내일성장학교 김세인 대표님, 지도해 주신 정동욱 시인님, 함께한 곽숙희 리더님, 이나경 리더님 김순철 리더님 감사하고, 고맙습니다.

그리고 무엇을 하던 지지해주는 우리 가족 남편 아닌 내편 영락씨, 멋쟁이 아들 동환, 사랑 아들 동현, 예쁜 딸 윤지 '함께여서' 고맙고 행복합니다.

바닷가

바람이 속삭인다
일어나 어서 일어나

속삭이는 너의 소리
눈을 떠 본다

꾸룩꾸룩 갈매기가 말한다
일어나 어서 일이나

갈매기 소리에
고개 든다

파도가 철썩
일어나 어서 일어나라고
쉬고 있는 나를 깨운다

카톡 카톡

카톡 카톡
아 소리가 아니네

카톡 카톡
기다리는 내 맘속에 소리

카톡 카톡
좋은 소식 언제 오려나

카톡 카톡
야호! 희망의 소리

커피

너희 향기
내 코끝에 닿을 때
행복은 숨 쉬고

너의 쌉쌀함이
내 혀끝에 닿을 때
사랑이 밀려든다

미소

화사한 봄날
환한 미소

파스텔 봄날
부끄러운 미소

새싹의
기쁨의 미소
희망의 미소

친구

보고 싶은
말하고 싶은
함께 하고 싶은

언제나
내 편인 친구
○○○
사랑한다

마음을 열면

듣지 못하면
소통 안 되고

마음 닫으면
고립되고

귀와
마음 열면

들려오고
들어주니

소통되고
인생 달라진다

씨앗

꽃씨 뿌리면
꽃이 피어나고

부정의 말은
아픔 싹트고

긍정의 말은
평안 피어나네

집중

걱정한다고 해결되니
고민한다고 해결되냐

놓으면 후회하고
잡으면 희망이고

이때인가 싶을 때
무조건 행하라

깜빡깜빡

신호등이 깜빡깜빡
멈춰요, 멈춰!

자동차 비상등이 깜빡깜빡
천천히 천천히!

깜빡깜빡
공사 중이래요
조심, 조심!

깜빡깜빡
터널이래요
불 켜요, 불을 켜!

깜빡깜빡
안전속도 지켜요

안전벨트

벨트?
그린벨트?
허리띠?

아니 아니
안전벨트
안전띠

나를 지켜주는
소중한 생명벨트

태몽 (물고기)

햇살에 반짝이는 개울
살그머니 발을 담근다

올망졸망 돌멩이
손 붙잡고 앉아 있네

물 위에 나뭇잎 떠가니
작은 물고기 왔다 갔다

어느새 알록달록 물고기
나를 반겨주니
마음속 기쁨이 가득하네

함께

겸손을 자랑삼아
당신 앞에 섰습니다

칭찬을 입에 물고
당신 앞에 있네요

당신 마음
나의 마음

봄날의 첫 만남

꽃이 활짝 피면
우리 꽃놀이 갈까

왠지 맘에 끌리는 좋은 친구들
모두 매력 넘치는 분들

봄날 향기 맞으며
화요일 어때요

심폐소생술

심장이
멈췄어요

심장 압박 서둘러요
골든타임
4분이래요

계속해요
응급구조사 올 때까지

봄바람

봄바람에
가슴 설레
분홍치마 하늘하늘
휘날리며 걷는다

하늘하늘
아줌니 아닌
소녀이고 싶다

*아줌니: 아주머니의 방언

그리움

또 딱 또 딱 빗방울
내 님 발자국 소리

주룩주룩 창가의 빗방울
내 님 그리는 눈물

저기 저 길가는 사람
혹여 내 님 이련가

저기 저 무지개
내 님 소식 전해주려나

긍정이 좋다

해 뜨면
밝아서 좋고

날 흐리면
흐린 대로 좋고

비가 오면
부산한 상념들
씻겨주어 좋다

너처럼
생명 차서 좋다

스마트폰

행복 가득한
얼굴 얼굴들

그리움으로
밀려오는 얼굴

행복한 이에게
소식 전하고

그리운 이에게
전화를 건다

문

당기시오
미시오

형님 먼저
아우 먼저

배려하는 마음
밝은 미소
행복한 하루

내 딸

딸 사랑해
기쁨으로 온 딸
나를 회복하게 한 내 딸

언제 함께
엄마 팔에 매달려 노닐던
토요일이면 한없이 잠만 자던 딸

씩씩하기만 하던 딸이
성인이 되어서 사랑 고프다고
징징대는 말
돌이켜 보니

어린 시절 늘 혼자였던
놀이터에서 혼자만 불러 주던 이 없던 내 딸
아무도 없는 그 큰 집에 혼자이었을 내 딸
미안하다
미안하다

*직장여성이 자녀를 향한 애처롭고 안타까움

만남

땀방울 송송
바람 시원하다

나를 바라보는
너의 미소도 그렇다

세월의 꿈

야리야리 파릇파릇 올라오던 너
어느새 짙은 녹음으로 가득

꿈 많던 어린 시절
어느새 희끗희끗 흰머리

어린 시절 꿈
나를 위한 삶
잘살아 왔다

이젠
너와 함께하는 삶
잘 살아가자

감사

어제가 있어 감사하다
추억 행복으로 남아있기에

오늘이 있어 감사한 것은
해야 할 일이 있기 때문

내일이 있어 감사한 것은
희망이 있기 때문이다

아이 소리

엄마 아아
눈뜨면 부르는 소리
안아달란다
음~음
엄마 아아 사랑 에너지

엄마!
팔짱 끼고
얼굴 맞대며 부르는 소리
뭐가 필요한 거지?

엄마 엄마!
현관 열고 들어오며
할 말이 많단다
재잘재잘

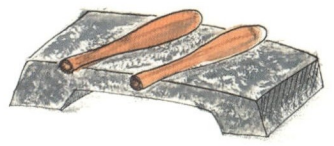

울 엄마

엄마
부르고 싶은 엄마
보고 싶은 엄마

엄마
내 안에 고이고이 모신 엄마

내 앞에 계실 때
"사랑한다" 말할 걸
"고맙다" 말할 걸

그 한 마디 못하고
보내드린 엄마

사랑인가 봐

그를
생각하면
미소가

그건
사랑
행복

공감

'공감'
이것이야말로 귀한 것
나 아니 다른 사람의
감정을 읽을 수 있다는 것이니까요

타인의 감정을 읽을 수 있다는 것은
이해하고 배려할 수 있다는 것이니까요

이해하고 배려한다는 것은
모든 것을 수용할 수 있다는 것이지요

그렇다면 분쟁도 다툼도 없을 테니까요
행복한 세상이 될 거예요

삶과 꿈

삶은
살아내는 것
인내
사랑

꿈은
이루어내는 것
열정
노력

커피 한 잔

커피는 소통이고
너와 나의 관계

커피 한 잔에
웃고 우는
너와 나
커피 향에 빠진다

망설이지 말라

네가 가고 싶은 곳 있다면
가라!
멋진 일이 생길 것이다

네가 하고 싶은 것 있다면
해라!
행복이 너를 반길 것이다

일상의 감사

내가 노력하지 않아도
봄이 오듯

오늘 나는 호흡하고
밝은 햇살과
오늘 시작한다

사람들을 만나고
이야기 주고받고
함께 먹고 마시고

이런 일상이
네게 얼마나
큰 복이고
감사한 일인지 고백한다

'감사합니다' 라고

세상에 온 아가에게

예쁜 엄마에게 온
금은별이는
얼마나 좋을까

든든한 아빠에게 온
금은별이는
얼마나 신이 날까

금은별이가 와서
엄마
아빠는
얼마나 행복할까?

*금은별-아가 이름임

이나경

마리
이나경
시인

마리 이나경 시인

팝콘
벚꽃
봄바람
버들강아지
여행
나는
바다
엄마
친구
느린 날의 행복
나야 나!
조급해 말기
가을 길
감탄사
낙엽이 춤추네
돌탑

들꽃
보고 또 보고
빨간 옷 할아버지
라면집
시계
시골집
과꽃
엄마의 자장가
유람선
냉장고
가족
핸드폰
나무 기둥
커 피
나의 은인

- 다 잘 될 거야! 풍요로운 삶~~~
- 학 력 : 사회복지학과 졸업
- 전문 분야 : 성폭력상담사, 가해자교정교육, 푸드아트심리상담사,
  원예심리상담사, 미술심리상담사, 노인성 상담사,
  現)법무부 보호관찰 위원 활동 중
- 강의 주제 : 성교육, 성 상담, 인성교육, 미술 심리상담, 푸드아트 상담 등
- 출　　강 : 사랑채노인복지관. 남양주 노인복지관, 동두천 노인복지관,
  군포 e-비즈니스 고, 법무부 부천준법지원센터 보호관찰 청소년 위탁 상담 중.
- 강의 문의 : 010-2388-7599, nakyung5957@naver.com
  블로그 https://blog.naver.com/nakyung5957

감사의 글

나의 풍요로운 삶을 위해, 55년을 살아온 자신을 잠시 뒤돌아봅니다. 많은 아픔도 겪어보고, 그리움이 무엇인지 알게 되면서, 때론 죽음의 문턱까지 갔었지만, 제2의 인생을 다시 살아가고자 여러 가지 배우기 시작하면서 자연스럽게 시 공부도 하게 되었습니다.

느낌대로 글로 쓰고 때로는 둔탁하게 보여지는 시를 좀 더 알고 싶어 용천 정동욱 시인님께 시 쓰기 수업을 배우며 조금씩 앞으로 나가게 되었지만, 이렇게 시집까지 출간하게 될지 몰랐습니다. 앞에서, 뒤에서 많은 도움을 주신 용천 정동욱 시인님 고맙습니다. 그리고 행복합니다.

나의 손을 끝까지 놓지 않고 잡아준 영원한 나의 편 조한진 님, 든든하고 듬직한 나의 아들 윤상, 우리 집 대들보 나의 딸 윤민, 하늘님 옆에서 항상 마음 조리 시며 지켜봐 주고 계신 나의 엄마 (故 김안나) 사랑합니다.

그리고 마지막으로 생명보다 더 소중한 나의 든든한 버팀목이시고, 삶의 희망을 놓지 않도록 항상 지켜봐 주시는 소나 최종희님께 감사의 마음을 전하며, 항상 건강하시고 함께 출간의 기쁨을 나누고 싶습니다.

팝콘

냄비 속
마음껏 날아다니는
너의 모습

뭐 그리 신났을까?
뜨거운 줄도 모르는

팝콘
자유로운 영혼

벚꽃

팝콘이 하늘에
어쩜 저리도 앙증맞을까?

나를 향해 환하게 웃네
방긋방긋

하얀 벚꽃
나를 반기네

봄바람

베란다 문을 여니
봄바람이 살짝 들어와
내 마음 설레게 하네

나를 데리고 어디로 갈까?
불어라
봄바람아

버들강아지

봄
새싹이 나오겠지!

가지에 솜 방울이
나를 부르네

가까이 들리는
솜옷 입고 있는 너
봄의 소리 버들강아지

여행

나를 사랑하기에
먼 길을 떠나본다

지난 일들
잠시 생각 속에 넣고

새로운 경험을 위해
비행기에 몸을 맡긴다

나는

봄 향기 맞으며
산책하는 일상의 소중함

막다른 골목에 있더라도
다시 유턴할 줄 아는

나를
언제나 사랑해

바다

춤추고 있는 푸른바다
바닷물에
살며시 발 담가본다

앗! 차가워
그래도 바다가 참 좋다

엄마

글씨만 봐도
소리만 들어도

나를
설레게 하는 말
엄마!

친구

나를 아프게
서운하게 하는 날도 있지?

내가 외로울 때
달려와 줄 때도 있고

내가 너에게
그렇게 할 때도 있지!

언제나 서로 힘이 되는
여전한 좋은 친구

느린 날의 행복

아픔이 있기에
아파하는 사람 마음 알 수 있고

아픔을 호소하는 사람에게
희망을 이야기할 수 있지

살아온 날
아팠던 모든 날

단 하루도
소중하지 않은 날이 없는 거야

나야 나!

나보다 멋있는 사람 나와 봐!
나 나경이야

내 인생의
주인공은 '나'

멋있는 인생 만들어 가는 것도
바로 나
나경이야

조급해 말기

너와 나 사이
기다림이 필요해

쉽게 단정하지 말고
속단하지 말고

그러다 보면
모든 것 다 받아들일 수 있어!

조용히 기다리는 것이
아름다운 사람 모습이야!

가을 길

그대와 걷는 길
단풍 길이라 예쁜 것

너와 함께라서
아름다운 동행 길

감탄사

아
이제 알았네

삶은
동사가 아닌 감탄사로
살아야 한다는 것

낙엽 춤추네

경사 난 거 맞아요?
온 세상 단풍 들었네요?

친구를 불러야 할까요?
가을 풍경 즐기고 있으면

도화지님이
그 향기에 반하면 어쩌나!

돌탑

아무런 말이 없네
하기 싫은 걸까?

할 수 있지만 안했다
나는 작은 돌탑이니까

간절함 만들어주고
말없이 모든 이의
희망 거들어 주는
나는 돌탑

들꽃

땅속 깊이 숨어
짓밟혀도 자유롭게 숨을 쉬고
기지개도 펴고

하늬바람 손짓하니
서서히 봄 알리고
꽃망울 보여주네

보고 또 보고

이레도 방긋
저래도 방긋

나를 웃게 하고
기쁘게 하네

보고 또 봐도
힐링 되고
힘이 되는
우리 가족

빨간 옷 할아버지

굴뚝 없는 우리 집
그분은 언제 오시려나?
창문 열어 놓을까?

너무 뚱뚱해 들어올 수 있을까?
어떻게 하면 들어올 수 있을까?

아니 방문을 열어 놓아야겠다

라면집

그대들은
순한 사랑라면
중간 사랑라면
아주 매운 사랑라면

뽀글뽀글 사랑이 넘치는 곳
이곳에 모든 사람 부러워하는
사랑 라면 파는 곳
라면집

시계

시곗바늘
시간 돌리고 있고

잡으려 해도
잡히지 않는

지나간 추억에
미련 두지 말고
참고 견디며 살아가자

시골집

시골집 창가에
스며드는 바람 소리

그리운 추억
향기 스쳐 가네

시간 여행
내 마음속 향기 가득하네

과꽃

봄바람에
흩날리는 향기

아름다운 사과꽃
봄의 선물
그리움으로 남아있었으면

선명한 향에 취해 눈을 감고
꿈속으로 떠나는 내 마음

엄마의 자장가

잘 자라
잘 자라
꿈꾸는 아가야
눈을 감아봐
엄마가 지켜줄게

잘 자라
잘 자라
아가야 아무 걱정말고
좋은 꿈 꿔

유람선

하얀 파도를 가르며
바람과 함께
세상을 건너며

미지의 세계를 향해
내 몸은 바다와 하나 되어
새로운 모험을 시작한다

냉장고

문을 열면
신비의 세계

맛난 음식들
나를 유혹한다

음식들이 사라질까
살짝 고민?

사라지면 누가 좋을까?

가족

내 보물들
이해하고
존중하고
사랑하리

언제나
서로를 향해
응원하는
아름다운 가족

핸드폰

담벼락 밑
채송화꽃
찍어 달라 눈치 주네

봉숭아꽃
호박꽃
모두 담아 놓았네

핸드폰은
나의 작은 꽃밭 되었네

나무 기둥

땅속뿌리
잘려 나간 기둥
얼마나 많은 날을
견디고 지켜냈을까?

추운 겨울에는
잎이 털어내고
새로운 잎을 보여줬는데
누가 이렇게 만들었을까?

나무는 고귀한
숨결을 내뿜으리라

커피

향기로운
커피 한 잔

내 편과 함께
우리 이야기

순간 즐거움
행복하고 힘들었던 기억

세상 모든 것을
커피 한잔에

커피와 함께한 시간
소중한 추억이 되어
되살아나네

나의 은인

언제나 환하게
웃어주는 사람

나의 모든 것을
보여주어도 부끄럽다고
느껴지지 않는 사람

내가 달려가면
항상 그 자리에
계신 그 분

그분은
나의 은인

감성 시 쓰고 & 시화 그리기 프로젝트 지도교수

용천
정동욱
시인

용천 정동욱 시인

여행?
설렘
사탕발림
그대 생각
충전기

○ 나는 디자이너다, 고로 내 삶은 경이롭다.

- 현재 : 창의력 전문 강사(뇌 훈련), 밝은내일교육상담센터 자문위원, 한국강사교육진흥원 수석연구원(전임교수), (2022~23)서경대학교 인생나눔 교실 멘토 인생디자인대학 감성 시 쓰기 과정, 오감체험 도자기공방 다락운영

- 경력 : 홍익대학교 미술학박사, 전)KBS특수영상 총감독역임, KBS고충처리 전문위원, KBS미디어텍 상임이사 역임, 방송영상학과 외래교수 15년

- 문학 : 대지문학 등단(시인 문학상)정회원, 문학사랑 정회원, 한하운문학관 정회원, N행시 정회원, 벼리동인지 정회원, 제5회 좋아졌네문학상, 국민행복여울 문학상, 문학사랑 시 부문 대상, 삼행시 금상, 대지문학 시화전 우수상 및 다수 수상

- 미술 : 대한민국산업디자인대전 초대작가 & 심사위원, 사)한국미술협회 초대작가, 심사위원 및 이사, 개인전 6회 단체전 다수

- 저서 : 창의력 : 호기심 다이어리 1·2·3, 아빠가 들려주는 디지털 이야기, 방송영상 미술 : TV 그래픽 디자인, 방송영상 디자인, 방송 특수영상 제작 실무, 점포를 디자인하라(공저)
- 시 집 : 까칠해서 더 매력 있는 그대, 내 안의 그대라는 꽃(공저), 꽃피는 삼행시, 시간의 향기를 그리다(공저), 33인 공저, 벼랑에 핀꽃(공저), 시니어컬러링북 1,2, 3
- 전자책 : 챗GPT와 창의 놀이, 고객관리 노하우, 왕초보 명강사 되기 (명강사의 역할과 자세) (https://kmong.com)
- 강의 분야 : 인공지능 생성형 AI 활용법, 창의력 뇌 훈련(치매 미술), 웰에이징, 시니어 인지 놀이(미술 심리), 고객 관리 노하우(심리상담), 명품 강사의 역할과 자세, 감동 스피치, 슈퍼시니어의 미래?, 생명 존중_자살 예방, 캘리그라피, 시 쓰고 시화 그리기, 유튜브 동영상 제작 등
- 공연 분야 : 복화술, 마술, 변검 (양반변검술), 행사전문 MC
- 강연 문의: 010-5151-5690 artshow1010@naver.com
- SNS : 유튜브: 동우기다콘TV, 블로그 : https://blog.naver.com/artshow1010

여행?

어디로 갈까?
누구랑 갈까?
언제 갈까? 라고 쓰고
[여행]이라 읽는다

설렘

내 안의 그대
잠시 후
온다고 하네

그냥
온다는 소리

내 가슴 살며시
두드린다

그대 보면
하고 싶은 말

와우
예뻐라

사탕발림

달콤한 말
매혹적인 말
사탕발림이라 하지요

내 안의 그대는
사탕발림 필요 없어요

언제나 내가
그대에겐 달달하니까

그대 생각

너무 그리워
눈을 감아 봅니다

그대 모습
눈에 아른거려
눈을 뜰 수 없습니다

그러니
내 안의 그대 모습
살포시 꺼낼 수밖에요

그리움은
눈앞에 있고

그대는
기다림에 있고

충전기

배터리가 방전되면
충전해서 사용할 수 있지요

내 안의 그대는
충전 없이
내 생각으로
무제한 가능합니다

하지만 말입니다
그대가
내 생각으로 충전하면
고장 없이
한평생 사용할 수 있을 텐데